ụlọ akwụkwọ - школа	2
njem - подорож	5
njem - транспорт	8
obodo - місто	10
odida obodo - ландшафт	14
ụlọ oriri na ọnụnụ - ресторан	17
ụlọ ahịa - супермаркет	20
ihe ọnụnụ - напої	22
nri - їжа	23
ugbo - ферма	27
ụlọ - дім	31
ime ụlọ ezumike - вітальня	33
usekwu - кухня	35
ụlọ ịsa ahụ - ванна кімната	38
ụlọ nwa - дитяча кімната	42
uwe - одяг	44
ụlọ ọrụ - офіс	49
akụnụba - економіка	51
aka ọrụ - професії	53
ngwaọrụ - інструменти	56
ngwa egwu - музичні інструменти	57
zuu - зоопарк	59
egwuregwu - спорт	62
ihe omume - дії	63
ezinụlọ - сім'я	67
ahụ - тіло	68
ụlọ ọgwụ - лікарня	72
mberede - аварійний випадок	76
Ụwa - Земля	77
elekere - годинник	79
izu - тиждень	80
afọ - рік	81
ụdị - форми	83
na agba - фарби	84
mmegide - протилежності	85
nọmba - числа	88
asụsụ - мови	90
onye / ihe / olee - хто / що / як	91
ebee - де	92

Impressum
Verlag: BABADADA GmbH, Nedderfeld 112 , 22529 Hamburg
Geschäftsführer / Verlagsleitung: Harald Hof
Druck: Books on Demand GmbH, In de Tarpen 42, 22848 Norderstedt

Imprint
Publisher: BABADADA GmbH, Nedderfeld 112 , 22529 Hamburg, Germany
Managing Director / Publishing direction: Harald Hof
Print: Books on Demand GmbH, In de Tarpen 42, 22848 Norderstedt, Germany

ụlọ akwụkwọ

школа

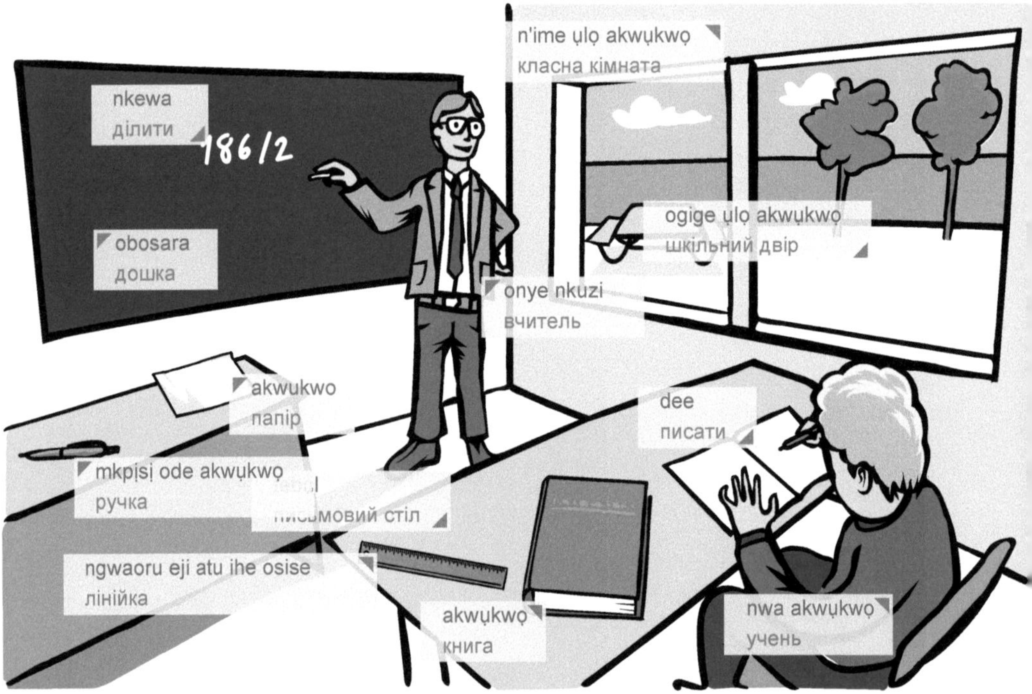

n'ime ụlọ akwụkwọ
класна кімната
nkewa
ділити
186/2
obosara
дошка
ogige ụlọ akwụkwọ
шкільний двір
onye nkuzi
вчитель
akwukwo
папір
dee
писати
mkpịsị ode akwụkwọ
ручка
мовий стіл
ngwaoru eji atu ihe osise
лінійка
akwụkwọ
книга
nwa akwụkwọ
учень

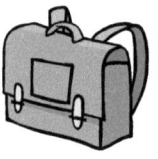

akpa

ранець

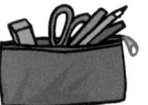

akpa pensụl

пенал

pensụl

олівець

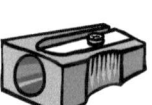

nkọ pensụl

точило

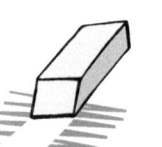

rọba

гумка

obosara ihe osise

альбом для малювання

ihe osise
малюнок

ahịhịa agba
пензель

igbe agba
коробка фарб

mkpa
ножиці

mmapa
клей

akwụkwọ mmega
зошит

ọrụ omume ulo
домашнє завдання

nọmba
число

tinye
додавати

wepụ
віднімати

ba uba
множити

gbakọọ
рахувати

ozi
літера

abiichii
абетка

okwu
слово

ụlọ akwụkwọ - школа

ederede
текст

gụọ
читати

nzu
крейда

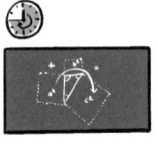
ihe mmụta
година

deba aha
класний журнал

ule
екзамен

asambodo
диплом

uwe ụlọ akwụkwọ
шкільна форма

agumakwukwo
освіта

akwụkwọ nkà ihe ọmụma
лексикон

mahadum
університет

mikroskopu
мікроскоп

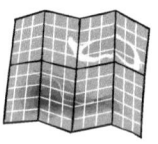
maapụ
карта

nkata-ahihia
кошик для паперу

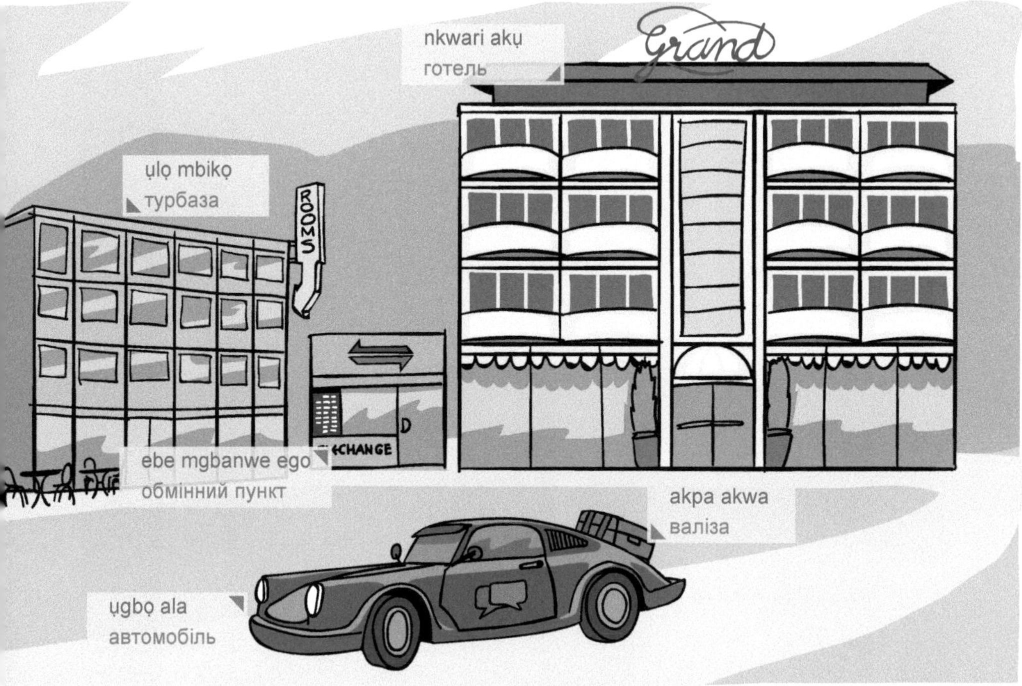

njem
подорож

nkwari akụ
готель

ụlọ mbikọ
турбаза

ebe mgbanwe ego
обмінний пункт

akpa akwa
валіза

ụgbọ ala
автомобіль

asụsụ
мова

ee / mba
так / ні

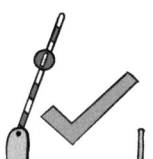

Ọdịkwa mma
добре

nnọọ
привіт

onye ntughari
перекладач

Daalụ
дякую

ego ole bụ…?
Скільки коштує …?

Aghọtaghị m
Я не розумію

nsogbu
проблема

Mgbede ọma!
Добрий вечір!

Ụtụtụ ọma!
Доброго ранку!

Ka chifoo!
На добраніч!

ka ọ dị
До побачення

ntụziaka
напрямок

ibu
багаж

akpa
сумка

akpa azu
рюкзак

ọbịa
гість

ime ụlọ
кімната

akpa ụra
спальний мішок

ụlọikwuu
намет

njem - подорож

ozi njem nleta
туристична інформація

osimiri
пляж

kaadị akwụmụgwọ
кредитна картка

nri ụtụtụ
сніданок

nri ehihie
обід

nri abalị
вечеря

tiketi
квиток

mbuli
ліфт

stampụ
поштова марка

ókè
межа

ndị kọstọm
митниця

ụlọ ọrụ nnọchite anya obodo
посольство

visa
віза

paspọtụ
паспорт

njem - подорож 7

njem
транспорт

ụgbọelu
літак

ụgbọ mmiri
корабель

ọkụ ingin
пожежна машина

bọs
автобус

gwongworo
вантажний автомобіль

ụgbọ mmiri
моторний човен

ogbatụmtụm
велосипед

ụgbọ ala
автомобіль

ugbo
пором

ụgbọ mmiri
човен

ọgba tum tum
мотоцикл

ụgbọ ala uwe ojii
поліцейська машина

ụgbọ ala na-agba ọsọ
гоночний автомобіль

ụgbọ ala mgbazinye
автомобіль на прокат

nkekọrịta ụgbọ ala

спільне користування авто

gwongworo

евакуатор

ụgbọala ntufu ahihia

сміттєвоз

moto

двигун

mmanụ ụgbọala

паливо

ebe ana ere mmanu

автозаправна станція

akara okporo ụzọ

дорожній знак

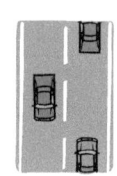

okporo ụzọ

рух

mkpọchị okporo ụzọ

затор

odu ụgbọ ala

стоянка

ọdụ ụgbọ oloko

вокзал

ụzọ

рейки

ụgbọ oloko

потяг

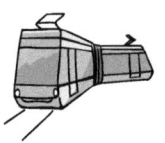

ụgbọ oloko

трамвай

ajụjụ

вагон

njem - транспорт

helikopta
гелікоптер

ọdụ ụgbọ elu
аеропорт

ụlọ elu
вежа

onye njem
пасажир

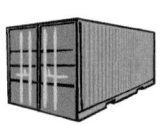
akpa
контейнер

katọn
коробка

ụgbọ ibu
візок

nkata
кошик

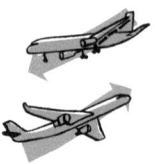
gbapụ / ala
стартувати / приземлятися

obodo
місто

obodo
село

etiti obodo
центр міста

ụlọ
дім

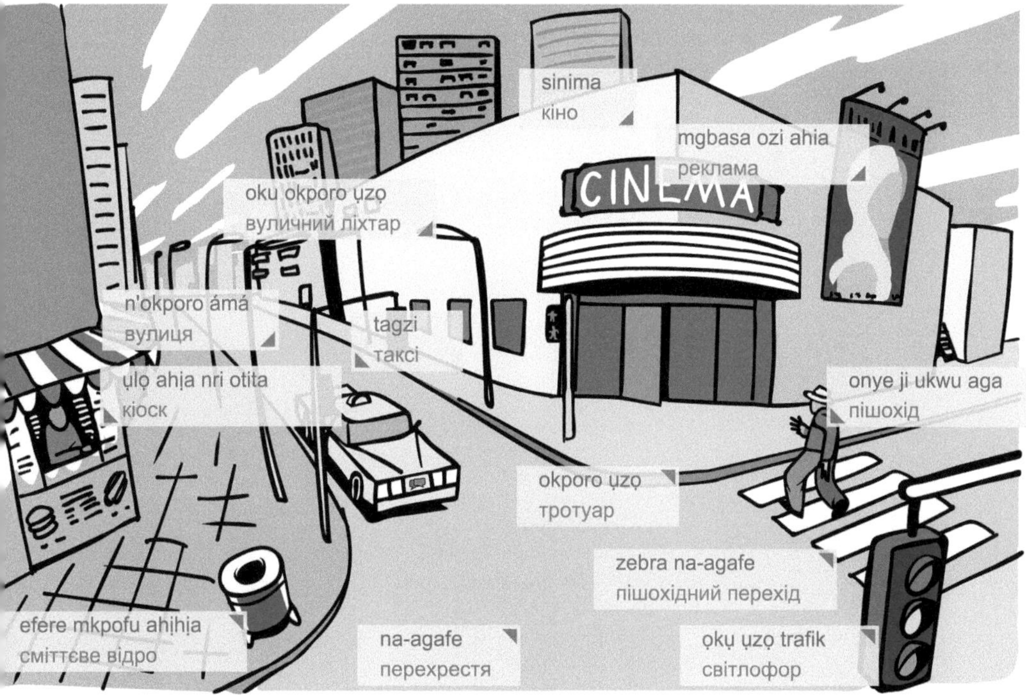

sinima
кіно

mgbasa ozi ahia
реклама

oku okporo ụzọ
вуличний ліхтар

n'okporo ámá
вулиця

tagzi
таксі

ụlọ ahịa nri otita
кіоск

onye ji ukwu aga
пішохід

okporo ụzọ
тротуар

zebra na-agafe
пішохідний перехід

efere mkpofu ahịhịa
сміттєве відро

na-agafe
перехрестя

ọkụ ụzọ trafik
світлофор

obi

хатина

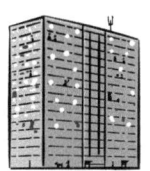

ohiha

квартира

ọdụ ụgbọ oloko

вокзал

nnukwu ọnụ ụlọ obodo

ратуша

ihe ngosi nka

музей

ụlọ akwụkwọ

школа

obodo - місто

mahadum

університет

ụlọ akụ

банк

ụlọ ọgwụ

лікарня

nkwari akụ

готель

ahịa ọgwụ

аптека

ụlọ ọrụ

офіс

ụlọ ahịa akwụkwọ

книжковий магазин

ụlọ ahịa

магазин

onye ore fulawa

квітковий магазин

ụlọ ahịa

супермаркет

ahịa

ринок

ngalaba ụlọ ahịa

універмаг

onye azu

торговець рибою

ụlọ ahịa

торговельний центр

ọdụ ụgbọ mmiri

гавань

obodo - місто

ogige

парк

oche

лава

akwa ngafe

міст

steepụ

сходи

n'okpuruala

метро

ọwara

тунель

ebe bọs na-akwụsị

автобусна зупинка

ụlọ mmanya

бар

ụlọ oriri na ọnụnụ

ресторан

igbe akwụkwọ ozi

поштова скринька

akara okporo ụzọ

вулична табличка

igwe nnara ego ndọba ụgbọala

лічильник паркування

zuu

зоопарк

ebe igwu mmiri

басейн

ụlọ alakụba

мечеть

obodo - місто

ugbo
ферма

mmetọ
забруднення навколишнього середовища

ili
кладовище

ụlọ ụka
церква

ama egwuregwu
дитячий майданчик

ụlọnsọ
храм

odida obodo
ландшафт

akwụkwọ nri — листок
akara — вказівний стовп
ụzọ — шлях
ahịhịa — луг
onye njem — мандрівник
nkume — камінь
osisi — дерево
osimiri — річка
ahịhịa — трава
ifuru — квітка

ndagwurugwu
долина

ugwu
гора

ọdọ mmiri
озеро

ọhịa
ліс

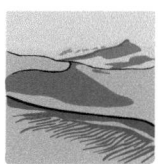

ọzara
пустеля

ugwu mgbawa
вулкан

nnukwu ụlọ
замок

eke mmiri
веселка

ero
гриб

nkwụ
пальма

anwụnta
комар

ofufe
муха

agbeshi
мурашка

aṅụ
бджола

ududo
павук

odida obodo - ландшафт

ahụhụ
жук

awọ
жаба

osa
вивірка

oke ọhịa
їжак

oke oyibo
заєць

ikwiikwii
сова

nnụnụ
птах

Agbanye
лебідь

ezi ọhịa
кабан

mgbada
олень

anụ ọhịa
лось

ihe mgbochi mmiri
гребля

ikuku igwe
вітряк

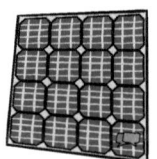

igwe anwụ
сонячний модуль

ihu igwe
клімат

odida obodo - ландшафт

ụlọ oriri na ọnụnụ
ресторан

onye na-ebu nri
офіціант

ndeputa nri
меню

oche
стілець

ofe
суп

pizza
піца

ngaji na nma
столові прилади

ákwà tebụl
скатертина

mbịdo
закуска

isi nri
друга страва

mmeju nri
десерт

ihe ọnụnụ
напої

nri
їжа

karama
пляшка

nri ngwa ngwa
фаст-фуд

nri n'okporo ámá
вулична їжа

ketulu tii
чайник

nnukwu efere shuga
цукорниця

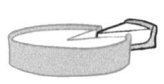
òkè
порція

igwe kofi
еспресо-машина

oche dị elu
високий стільчик

ụgwọ
рахунок

efere obosara
піднос

nma
ніж

ndụdụ
вилка

ngaji
ложка

ngaji tii
чайна ложка

akwụkwọ oche
серветка

iko
склянка

ụlọ oriri na ọnụnụ - ресторан

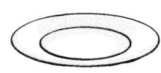

efere

тарілка

efere ofe

тарілка для супу

efere ihendori

блюдце

ihendori

соус

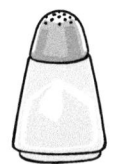

ite nnu

солонка

igwe ose

млин для перцю

mmanya gbara ụka

оцет

mmanụ

масло

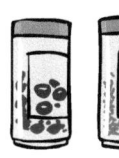

ngwa nri

спеції

ihe ndori

кетчуп

mọstad

гірчиця

mayonezi

майонез

ụlọ oriri na ọnụnụ - ресторан

ụlọ ahịa

супермаркет

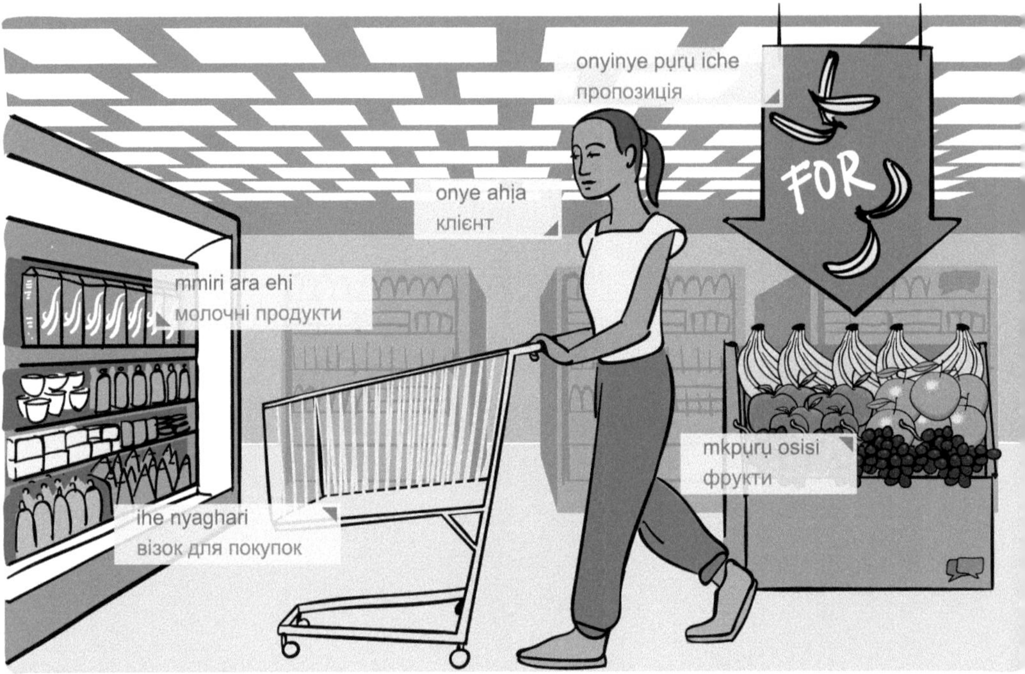

onyinye pụrụ iche
пропозиція
FOR
onye ahịa
клієнт
mmiri ara ehi
молочні продукти
mkpụrụ osisi
фрукти
ihe nyaghari
візок для покупок

BUTCHERS

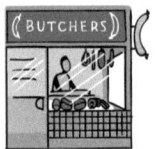

igbu anụ

м'ясний магазин

BAKERY

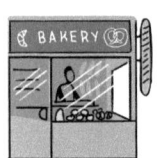

onye ome achịcha

пекарня

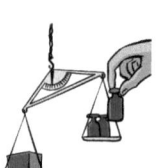

tụọ

зважувати

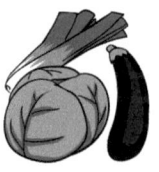

akwụkwọ nri

овочі

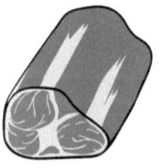

anụ

м'ясо

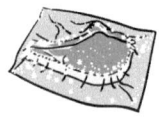

nri oyi kpọnwụrụ

заморожені продукти

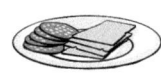
anụ oyi
ковбасна нарізка

nri komkom
консерви

ntụ ọsịsa
пральний порошок

ihe ụtọ
солодощі

ngwaahịa ụlọ
предмети домашнього побуту

ngwaahịa nhicha
мийний засіб

onye n'ere ahịa
продавщиця

rue
каса

onye okwu ugwo
касир

ndepụta ịzụ ahịa
список покупок

awa mmepe
часи роботи

obere akpa
гаманець

kaadị akwụmụgwọ
кредитна картка

akpa
сумка

akpa rọba
поліетиленовий пакет

ụlọ ahịa - супермаркет

ihe ọnụnụ
напої

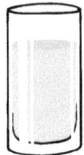

mmiri
вода

ihe ọnụnụ
сік

mmiri ara
молоко

mmanya otobiri kooku
кола

mmanya
вино

biya
пиво

mmanya na egbu egbu
алкоголь

koko
какао

tii
чай

kọfị
кава

kofi
еспресо

cappuccino
капучіно

nri
їжа

unere
банан

apụl
яблуко

oroma
апельсин

egwusi
кавун

oroma nkịrịsị
лимон

karọt
морква

galiki
часник

achara
бамбук

yabasị
цибуля

ero
гриб

akụ
горішки

nri eriri
локшина

spaghetti

спагеті

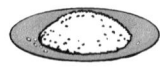

osikapa

рис

nri ahihia

салат

ibe

картопля фрі

nduku eghere eghe

смажена картопля

pizza

піца

achicha

гамбургер

sanwichi

бутерброд

anụ

шніцель

apata ụkwụ ezi

шинка

salami

салямі

sọseeji

ковбаса

ọkụkọ

курка

ihunuoku

печеня

azụ

риба

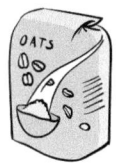

nri ọka

вівсяні пластівці

nri ututu

мюслі

ọka

кукурудзяні пластівці

ntụ ọka

борошно

achicha

круасан

mpiakọta achicha

булочка

achicha

хліб

tost

тостовий хліб

biskit

печиво

bọta

масло

achicha

сир

achicha

пиріг

akwa

яйце

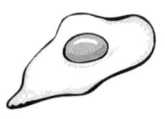

akwa eghere eghe

яєчня

chiiz

сир

ihe nracha

морозиво

shuga

цукор

mmanụ aṅụ

мед

jam

мармелад

gbasaa shuga

нуга-крем

kọrị

карі

nri - їжа

ugbo
ферма

ụlọ ọrụ ubi — сільський будинок
n'oba — комора
ahịhịa bale — солом'яні тюки
ubi — поле
ịnyịnya — кінь
ụgbọala na-adọkpụ ụgbọ — причіп
nwa ewu — лоша
trakto — трактор
ịnyịnya ibu — віслюк
atụrụ — вівця
nwa atụrụ — ягня

mkpi
коза

ehi
корова

nwa ehi
теля

ezi
свиня

nwa ezi
порося

ehi
бик

ọgazị
гусак

odoguma
качка

nwa okuko
курча

nne okuko
курка

oke ọkpa
півень

oke
щур

pusi
кіт

oke
миша

ehi
віл

nkịta
собака

nkịta ụlọ
собача будка

paipu nhicha ogige
садовий шланг

iko mgbara mmiri
лійка

scythe
коса

ịkọ
плуг

ugbo - ферма

mma ohia
серп

ogu
мотика

fok ahihia
вила

anyu-ike
сокира

wiilbaro
тачка

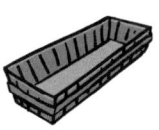

ubi
корито

komkom mmiri ara ehi
бідон молока

akpa
мішок

ngere
паркан

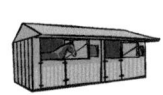

uloanu
хлів

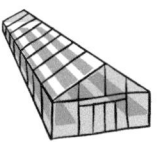

ulo glaasi
теплиця

ala
ґрунт

mkpuru
насіння

fatilaiza
добриво

njikota ihe ubi
комбайн

ugbo - ферма

owuwe ihe ubi

пожинати

owuwe ihe ubi

урожай

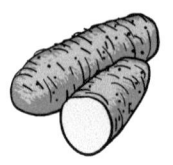

ji

корінь ямсу

ọka wit

пшениця

soya

соя

nduku

картопля

ọka

кукурудза

mkpụrụ osisi

ріпак

osisi mkpụrụ osisi

плодове дерево

akpu

маніок

nri ọka

злаки

ugbo - ферма

ụlọ
дім

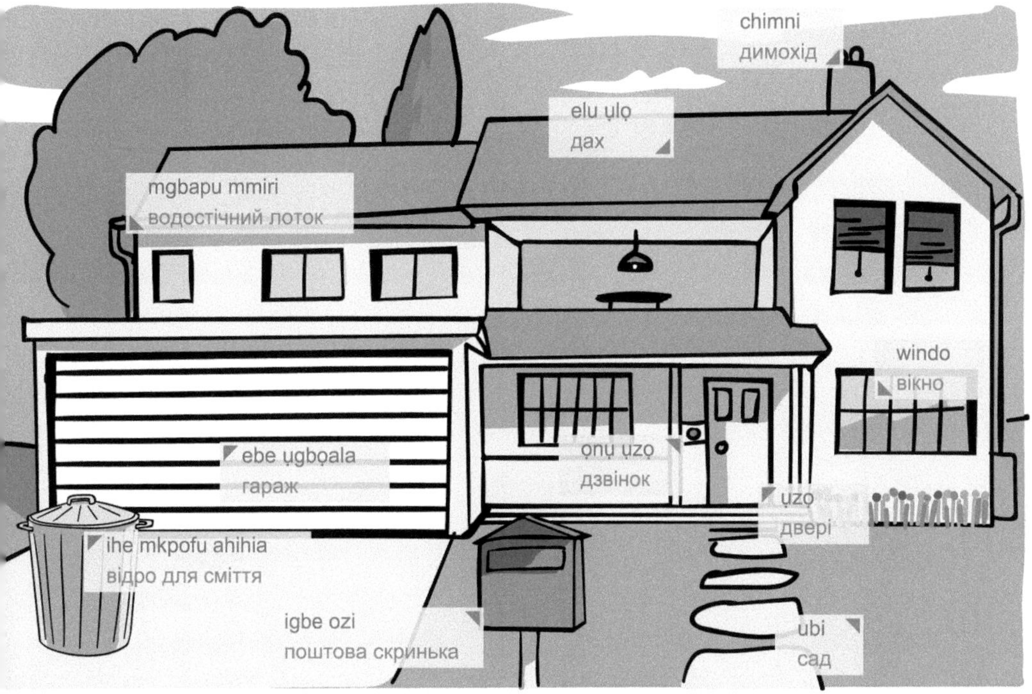

- chimni — димохід
- elu ụlọ — дах
- mgbapu mmiri — водостічний лоток
- windo — вікно
- ebe ụgbọala — гараж
- ọnụ ụzọ — дзвінок
- ụzọ — двері
- ihe mkpofu ahihia — відро для сміття
- igbe ozi — поштова скринька
- ubi — сад

ime ụlọ ezumike
вітальня

ụlọ ịsa ahụ
ванна кімната

usekwu
кухня

ime ụlọ
спальня

ụlọ nwa
дитяча кімната

ime ụlọ erimeri
їдальня

ụlọ - дім

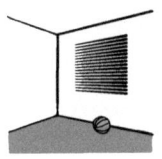

ala

підлога

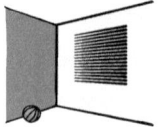

mgbidi

стіна

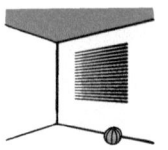

uko ụlọ

стеля

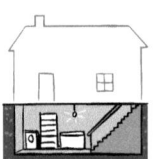

okpuru ụlọ

підвал

sawụna

сауна

ihu mbara

балкон

mbara ihu ulo

тераса

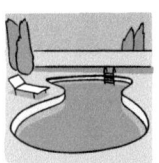

ọdọ mmiri

басейн

igwe eji asụ ahịhịa

косарка

mpempe akwụkwọ

простирало

ihe ndina akwa

ковдра

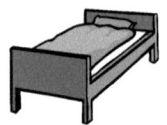

akwa ndina

ліжко

aziza

мітла

bọket

відро

mgba ọkụ

перемикач

ụlọ - дім

ime ụlọ ezumike
вітальня

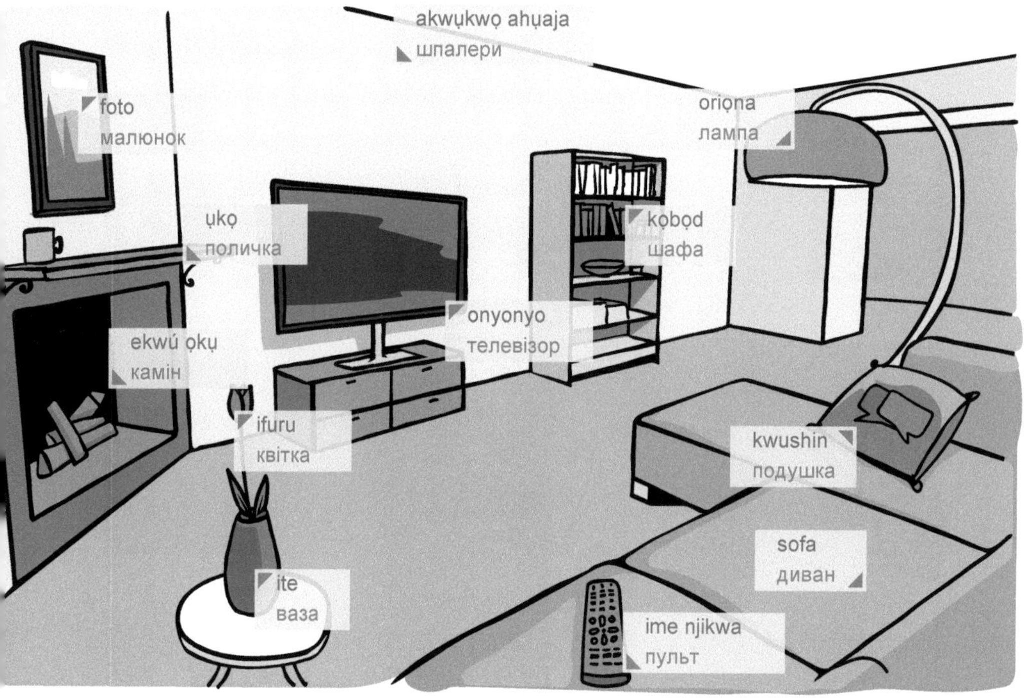

- akwụkwọ ahụaja — шпалери
- foto — малюнок
- oriọna — лампа
- ụkọ — поличка
- kobọd — шафа
- ekwú ọkụ — камін
- onyonyo — телевізор
- ifuru — квітка
- kwushin — подушка
- ite — ваза
- sofa — диван
- ime njikwa — пульт

kapeeti — килим

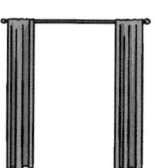

ákwà mgbochi — завіса

tebụl — стіл

oche — стілець

mkpatụ oche — крісло-гойдалка

oche — крісло

akwụkwọ
книга

akwa mkpuchi
ковдра

ihe ochicho mma
прикраса

nkụ
дрова

ihe nkiri
фільм

ngwa hi-fi
стереосистема

igodo
ключ

akwụkwọ akụkọ
газета

eserese
картина

posta
плакат

redio
радіо

akwụkwọ ozi
блокнот

igwe nhicha ala
пилосос

kaktus
кактус

kandụl
свічка

ime ụlọ ezumike - вітальня

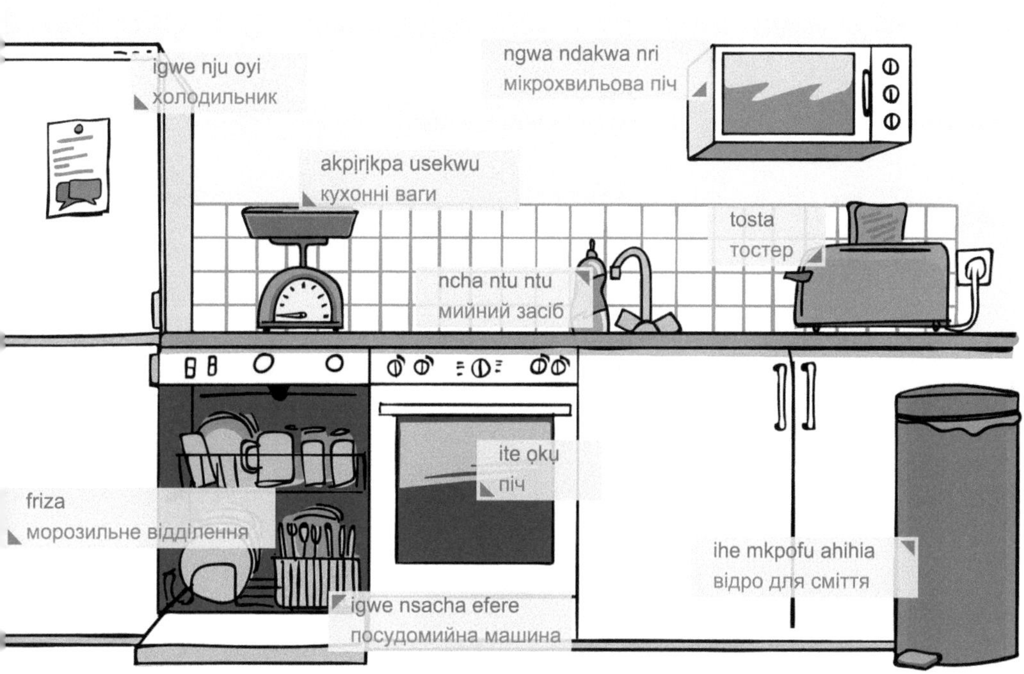

usekwu
кухня

igwe nju oyi
холодильник

ngwa ndakwa nri
мікрохвильова піч

akpịrịkpa usekwu
кухонні ваги

tosta
тостер

ncha ntu ntu
мийний засіб

ite ọkụ
піч

friza
морозильне відділення

ihe mkpofu ahihia
відро для сміття

igwe nsacha efere
посудомийна машина

osi ite
плита

ite
горщик

ite-igwe
чавунний горщик

wok / kadai
вок / кадай

ite mmanụ ọkụ
сковорода

ketulu
чайник

ụzọkụ

пароварка

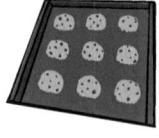

efere nri

лист

ite mmiri

посуд

iko

кухоль

nnukwu efere

чаша

osisi

палички для їжі

ngazi

черпак

ngazi mmanụ ọkụ

лопатка

ntụgharị

вінчик для збивання

nje

сито

nyọ

сито

nkwọ

терка

ikwe

ступка

anụ mmịkpọ

барбекю

imeghe oku

багаття

usekwu - кухня

bọọdụ ncha ihe

дошка

osisi mgbatị

качалка

ihe mmeghe mmanya

штопор

komkom

конзерва

ihe mmeghe komkom

відкривачка

ite njide

прихватки

efere nsacha

раковина

ihe nsa eze

щітка

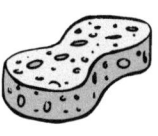

ogbo

губка

nkwori

міксер

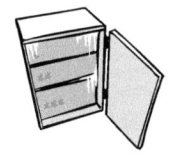

friza

морозильна камера

karama nwa

дитяча пляшка

mkpọrụ mmiri

кран

usekwu - кухня

ụlọ ịsa ahụ
ванна кімната

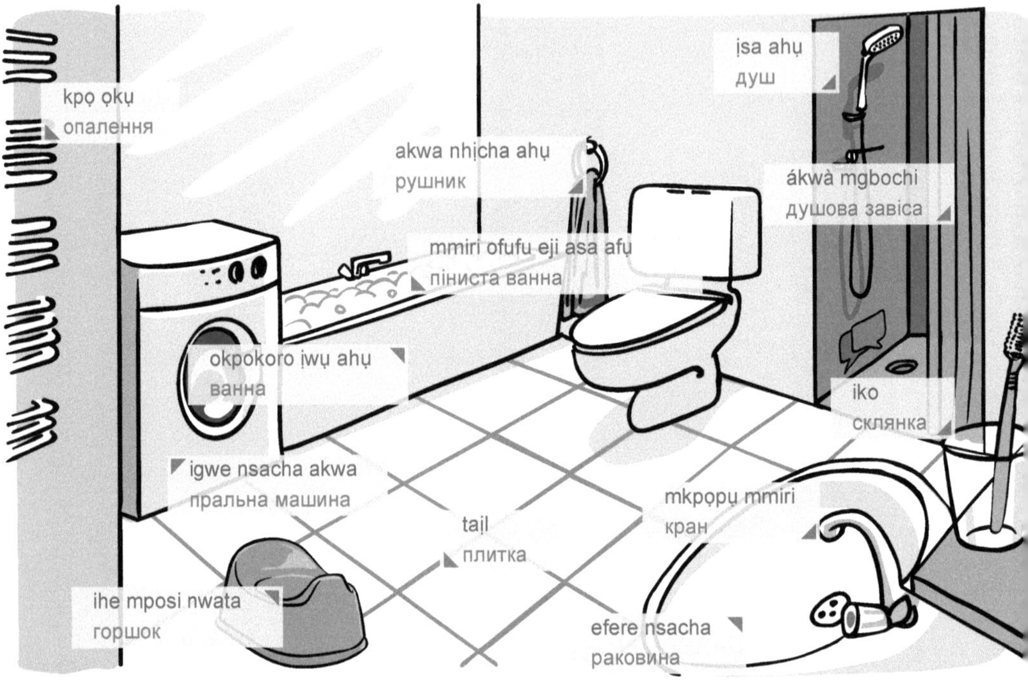

- kpọ ọkụ — опалення
- akwa nhịcha ahụ — рушник
- ịsa ahụ — душ
- ákwà mgbochi — душова завіса
- mmiri ofufu eji asa afụ — пініста ванна
- okpokoro iwụ ahụ — ванна
- iko — склянка
- igwe nsacha akwa — пральна машина
- tail — плитка
- mkpọrụ mmiri — кран
- ihe mposi nwata — горшок
- efere nsacha — раковина

ụlọ mposi — туалет

mposi squat — підлоговий туалет

basin eji asa ebe nzuzo ahu — біде

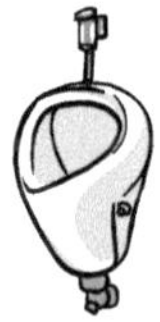

ebe inyu mmamịrị oha — пісуар

akwụkwọ mposi — туалетний папір

ahihia ụlọ mposi — щітка для туалету

brọsh

зубна щітка

ihe nhicha eze

зубна паста

nhicha eze

нитка для чищення зубів

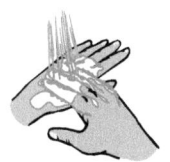

saa

мити

ịsa aka

ручний душ

isa mmiri showa

інтимний душ

nnukwu efere nsacha

таз

agba ahịhịa eji ete penti

щітка для спини

ncha

мило

ncha mmiri nsa ahu

гель для душу

ncha ntutu

шампунь

uwe ajiajuru

мочалка

mgbapu mmiri

водостік

ude

крем

senti

дезодорант

ụlọ ịsa ahụ - ванна кімната

enyo
дзеркало

enyo aka
косметичне дзеркало

rezo
бритва

ụfụfụ ikpụ afụ
піна для гоління

mgbe emechara aji
лосьйон після гоління

mbo
гребінь

ahịhịa
щітка

okponku ntutu
фен

Ihe mmiri ana agba na isi
лак для волосся

ntecha
косметика

mmanụ ọnụ
губна помада

ntecha mbọ aka
лак для нігтів

owu
вата

mkpa mbọ aka
ножиці для нігтів

senti
парфум

40   ụlọ ịsa ahụ - ванна кімната

akpa uwe

косметичка

oche

табурет

erikpu

ваги

akwa towelu

халат

gloovu roba

гумові рукавички

ihe mkpuchi obara ogbugbua

тампон

ihe mkpuchi nso nwanyi

гігієнічні прокладки

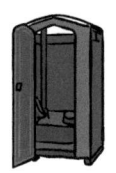

ụlọ mposi

біотуалет

ụlọ ịsa ahụ - ванна кімната

ụlọ nwa
дитяча кімната

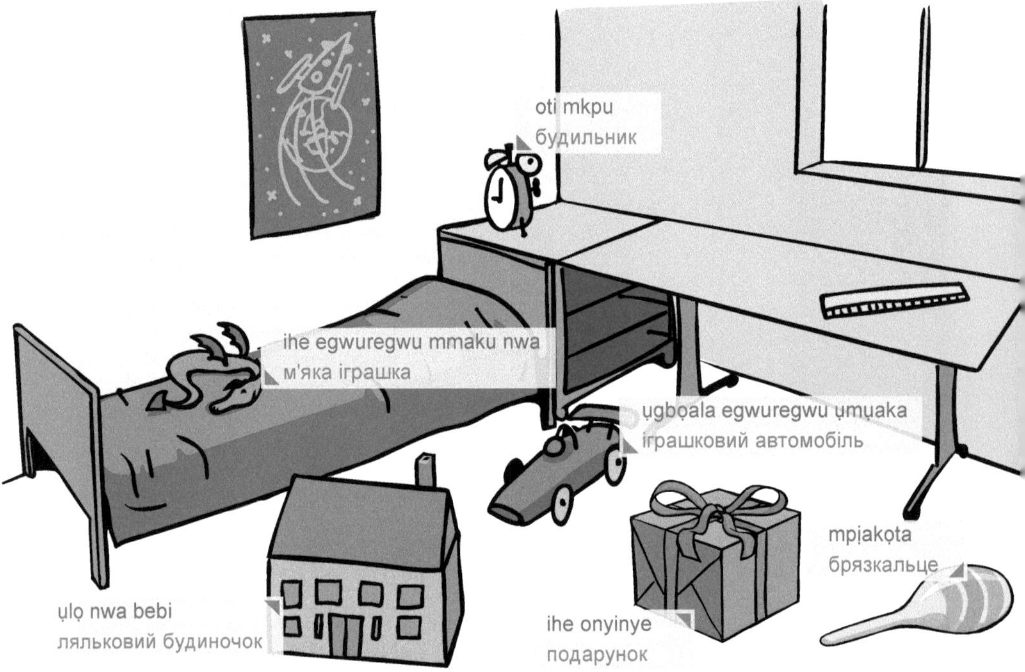

oti mkpu — будильник

ihe egwuregwu mmaku nwa — м'яка іграшка

ugboala egwuregwu ụmụaka — іграшковий автомобіль

ụlọ nwa bebi — ляльковий будиночок

ihe onyinye — подарунок

mpiakọta — брязкальце

balun — повітряна кулька

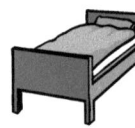

akwa ndina — ліжко

ihe obu nwa — дитячий візок

oche kaadị — картярська гра

egwuregwu mgbagwoju anya — пазл

na-atọ ọchị — комікс

ụlọ nwa - дитяча кімната

lego brik

лего цеглинки

ihe owuwu ụlọ

блоки

ihe ngosi ogụ

іграшкова фігурка

utonwa

повзунки

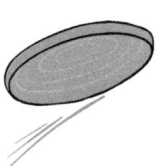

ihe egwuregwu diski na efe efe

фризбі

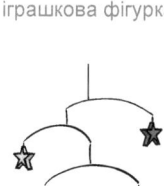

mbughari

мобіле

bọọdụ egwuregwu

настільна гра

dais

кубик

nlereanya ụgbọ okporo ígwè

модель залізнична станція

ihe oyiri mmadu eji egosi akwa

соска

otu

вечірка

akwụkwọ foto

книжка з картинками

bọọlụ

м'яч

nwa bebi

лялька

kpọọ

грати

ụlọ nwa - дитяча кімната

olulu aja

пісочниця

janglova

гойдалка

ihe egwuregwu gasi

іграшка

ihe egwuregwu vidiyo

гральна консоль

ogbatumtum

триколісний велосипед

ihe egwuregwu ụmụaka

плюшевий мішка

wodrobu

шафа

uwe
одяг

sọks

шкарпетки

sọks

панчохи

uwe ime ahu

колготки

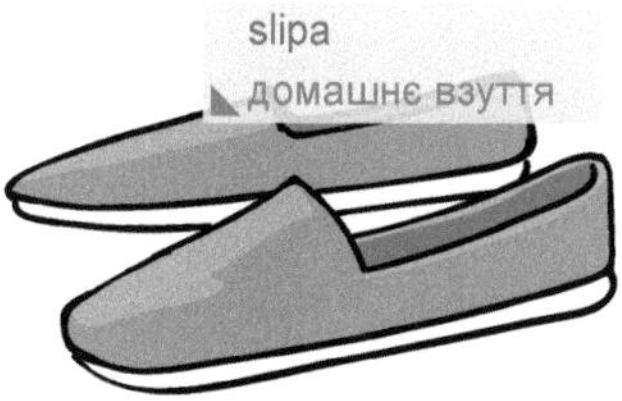

ichafụ
шарф

nche anwụ
парасоля

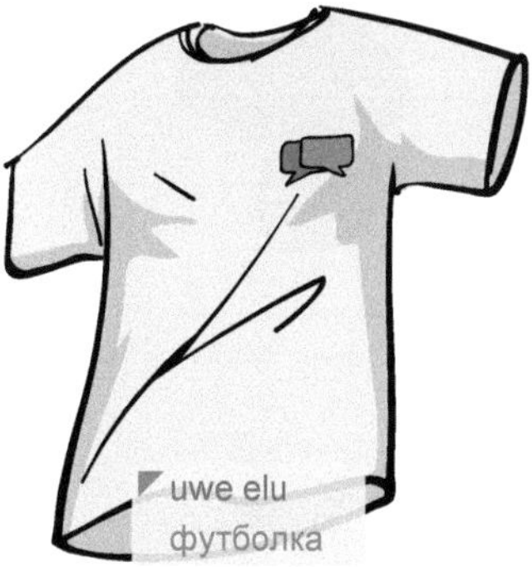

uwe elu
футболка

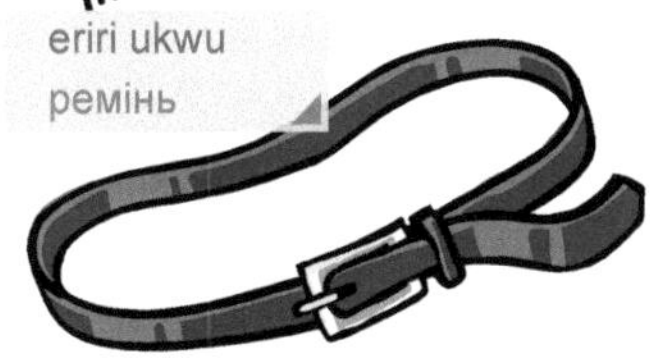

eriri ukwu
ремінь

akpụkpọ ụkwụ
чоботи

slipa
домашнє взуття

akpụkpọ ụkwụ njem
кросівки

akpụkpọ ụkwụ
сандалі

akpụkpọ ụkwụ
взуття

akpụkpọ ụkwụ roba
гумові чоботи

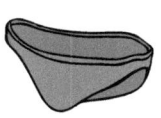

uwe ime ahu
труси

efe ara
бюстгальтер

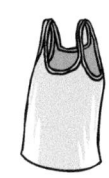

uwe na enweghi aka
нижня сорочка

uwe - одяг

ahụ
боді

trauza
штани

trauza siri ike
джинси

sket
спідниця

uwe elu nwanyị
блузка

uwe elu
сорочка

akwa njuoyi eji isi eyi
пуловер

uwe njuoyi
светр

jakeeti
піджак

jakeeti
куртка

ochu oyi uwe elu
пальто

akwa mmiri
дощовик

ekike
костюм

uwe ogologo
сукня

uwe agbamakwụkwọ
весільна сукня

uwe suutu
костюм

uwe abalị
нічна сорочка

pajamas
піжама

uwe umunwanyi Indian
сарі

mkpuchi isi
головна хустка

okpu
чалма

akwa mkpuchi ihu
бурка

uwe ogologo nwanyi
кафтан

abaya
абая

akwa mmiri
купальник

uwe eji egwu mmiri
плавки

nịịka
шорти

uwe mmega ahụ
тренувальний костюм

uwe nchekwa
фартух

uwe aka
рукавички

uwe - одяг 47

botinụ

гудзик

ugegbe anya

окуляри

mgbaaka

браслет

eriri olu

ланцюг

mgbanaka

кільце

ola nti

сережка

okpu

шапка

ihe nkowe uwe elu

плічка

okpu

капелюх

tai

краватка

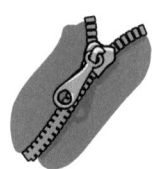

nzichi

застібка-блискавка

okpu agha

шолом

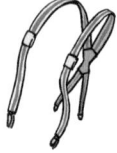

ihe njide eze

підтяжки

uwe ụlọ akwụkwọ

шкільна форма

mbonotu

уніформа

uwe - одяг

ọghọ nri nwa

нагрудник

ihe oyiri mmadu eji egosi akwa

соска

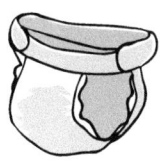

akwa nwanye nwa

підгузок

ụlọ ọrụ
офіс

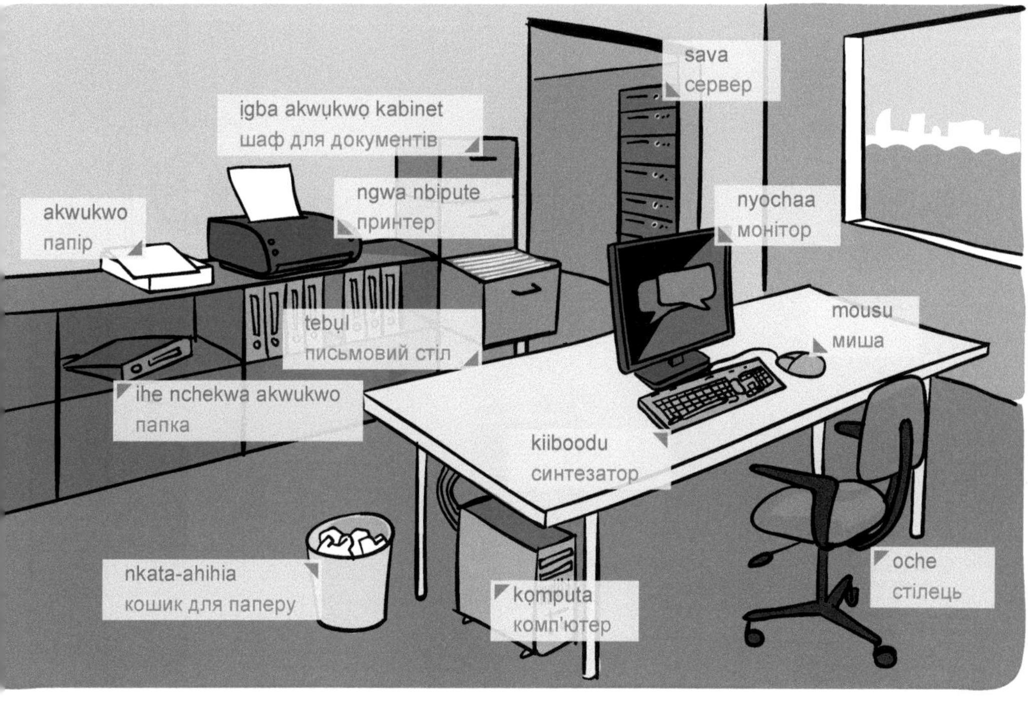

igba akwụkwọ kabinet
шаф для документів

sava
сервер

akwukwo
папір

ngwa nbipute
принтер

nyochaa
монітор

tebụl
письмовий стіл

mousu
миша

ihe nchekwa akwukwo
папка

kiiboodu
синтезатор

nkata-ahihia
кошик для паперу

kọmputa
комп'ютер

oche
стілець

iko kọfị

кавовий кухоль

igwe mgbakọ

калькулятор

ịntaneti

інтернет

laptoopu

ноутбук

leta

лист

ozi

повідомлення

mkpanaka

мобільний телефон

netwọk

мережа

ihe mbiputa

копіювальний пристрій

ngwanrọ

програмне забезпечення

ekwentị

телефон

ebe nkwụnye

розетка

igwe fax

факс

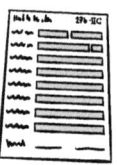

ụdị

бланк

akwụkwọ

документ

ụlọ ọrụ - офіс

akụnụba
економіка

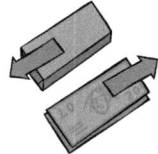
zụta
купувати

kwuo ugwo
платити

ahia
торгувати

ego
гроші

ego ndi Amerika
долар

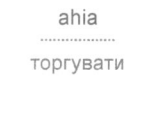
ego ndi Eruopu
євро

ego ndi japanizi
ієна

ego ndi Rusian
рубль

Switzerland franc
франк

renminbi yuan
юанів женьміньбі

ego ndi Indian
рупія

ebe akwụmụgwọ
банкомат

ebe mgbanwe ego

обмінний пункт

ọla edo

золото

ọlaọcha

срібло

mmanụ

нафта

ume

енергія

ọnụahịa

ціна

nkwekọrịta

контракт

ụtụ

податок

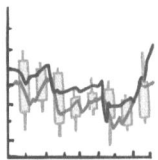

ngwaahịa

акція

ọrụ

працювати

onye ọrụ

працівник

onye were gị n'ọrụ

роботодавець

ụlọ ọrụ mmeputa ngwahia

фабрика

ụlọ ahịa

магазин

aka ọrụ
професії

onye uwe ojii
поліцейський

onye mmenyu oku
пожежник

esi nri
повар

dibia bekee
лікар

ọkwọ ụgbọelu
пілот

onye na-elekọta ubi

садівник

ọkwa nkà

столяр

akwa nwanyị

швачка

ọka ikpe

суддя

kemist

хімік

onye ome ihe nkiri

актор

ọkwọ ụgbọ ala

водій автобуса

ọkwọ ụgbọ ala

таксист

onye ọkụ azụ

рибалка

nwanyị nhicha

прибиральниця

roofer

покрівельник

onye na-ebu nri

офіціант

dinta

мисливець

onye na-ese ihe

художник

onye osi ite

пекар

onye ndozi ọkụ eletrik

електрик

onye na-ewu ụlọ

будівельник

njinia

інженер

onye na-egbu anụ

забійник

plọmba

бляхар

onye ozi

листоноша

aka ọrụ - професії

onye agha
солдат

onye na-ese ụkpụrụ ụlọ
архітектор

onye okwu ugwo
касир

ore fulawa
флорист

onye na-edozi ntutu isi
перукар

kondokto
кондуктор

onye n'arụzi ụgbọala
механік

onyeisi
капітан

dibia bekee eze
дантист

ọkà mmụta sayensị
вчений

rabaị
рабин

imam
імам

mọnk
монах

ụkọchukwu
пастор

aka ọrụ - професії

ngwaọrụ
інструменти

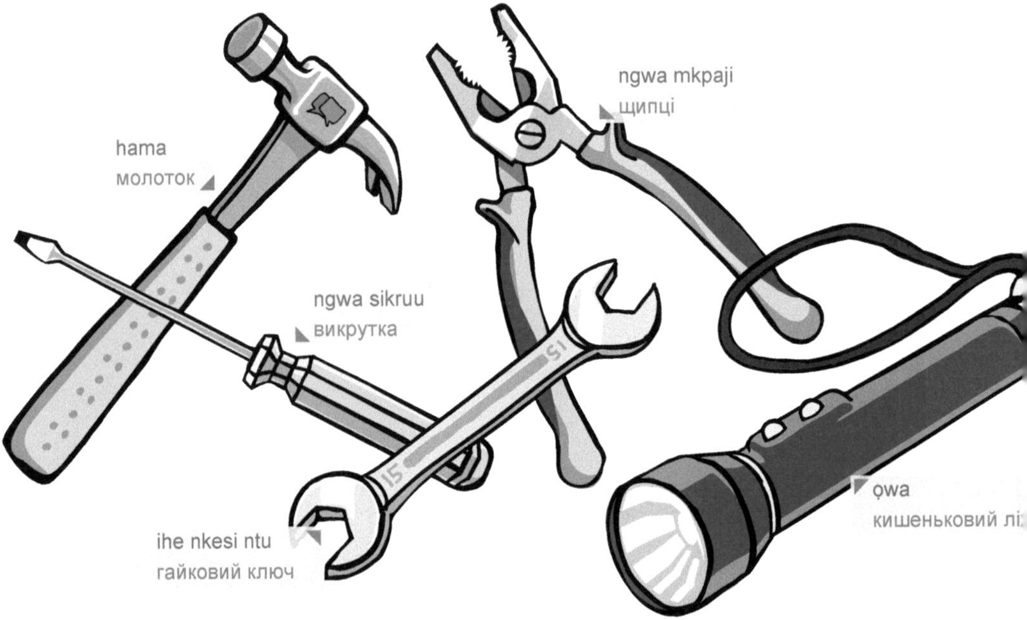

hama
молоток

ngwa mkpaji
щипці

ngwa sikruu
викрутка

ihe nkesi ntu
гайковий ключ

ọwa
кишеньковий ліхтарик

igwu ala
екскаватор

igbe ngwaọrụ
ящик для інструментів

ubube
драбина

nkwọ
пилка

mbọ
цвяхи

igwe mkpọpu
свердло

mezie
ремонтувати

ihe eji egwu ala
лопата

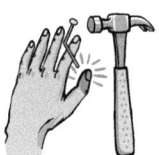
Ụchụ!
лайно!

efere ájá
совок

ite agba
відро з фарбою

ntu
гвинти

ngwa egwu
музичні інструменти

ihe eji eme ihe — ударна установка

nkwuputa ụda — динамік

jita — гітара

okpukpu abụọ — контрабас

opi — труба

kiibọọdụ

фортепіано

violin

скрипка

bass

bass

фортепіано

timpani

литаври

ịgba

барабан

kiibọọdụ

клавіатура

sasofone

саксофон

ọjà

флейта

igwe okwu

мікрофон

ngwa egwu - музичні інструменти

zuu
зоопарк

uzo mbata
вхід

agu
тигр

onu
клітка

inyinya ohia
зебра

nri anumanu
корм

panda
панда

anumanu
тварини

enyi
слон

kangaruu
кенгуру

rhino
носоріг

ozodimgba
горила

anu ohia
ведмідь

zuu - зоопарк

kamel

верблюд

enyí nnụnụ

страус

ọdụm

лев

enwe

мавпа

flamingo

фламінго

icheku

папуга

anụ ọhịa

білий ведмідь

nnunu mmiri

пінгвін

akụm

акула

ekwuru ụlọ

павич

agwo

змія

agụ iyi

крокодил

onye na-elekọta zuu

працівник зоопарку

mechie

тюлень

agu

ягуар

zuu - зоопарк

įnyįnya
поні

agụ owuru
леопард

anụ ọhịa
гіпопотам

girraaf
жираф

ugo
орел

ezi ọhịa
кабан

azụ
риба

mbe
черепаха

anụ mmiri
морж

nkịta ọhịa
лисиця

mgbada
газель

egwuregwu
спорт

ihe omume
дії

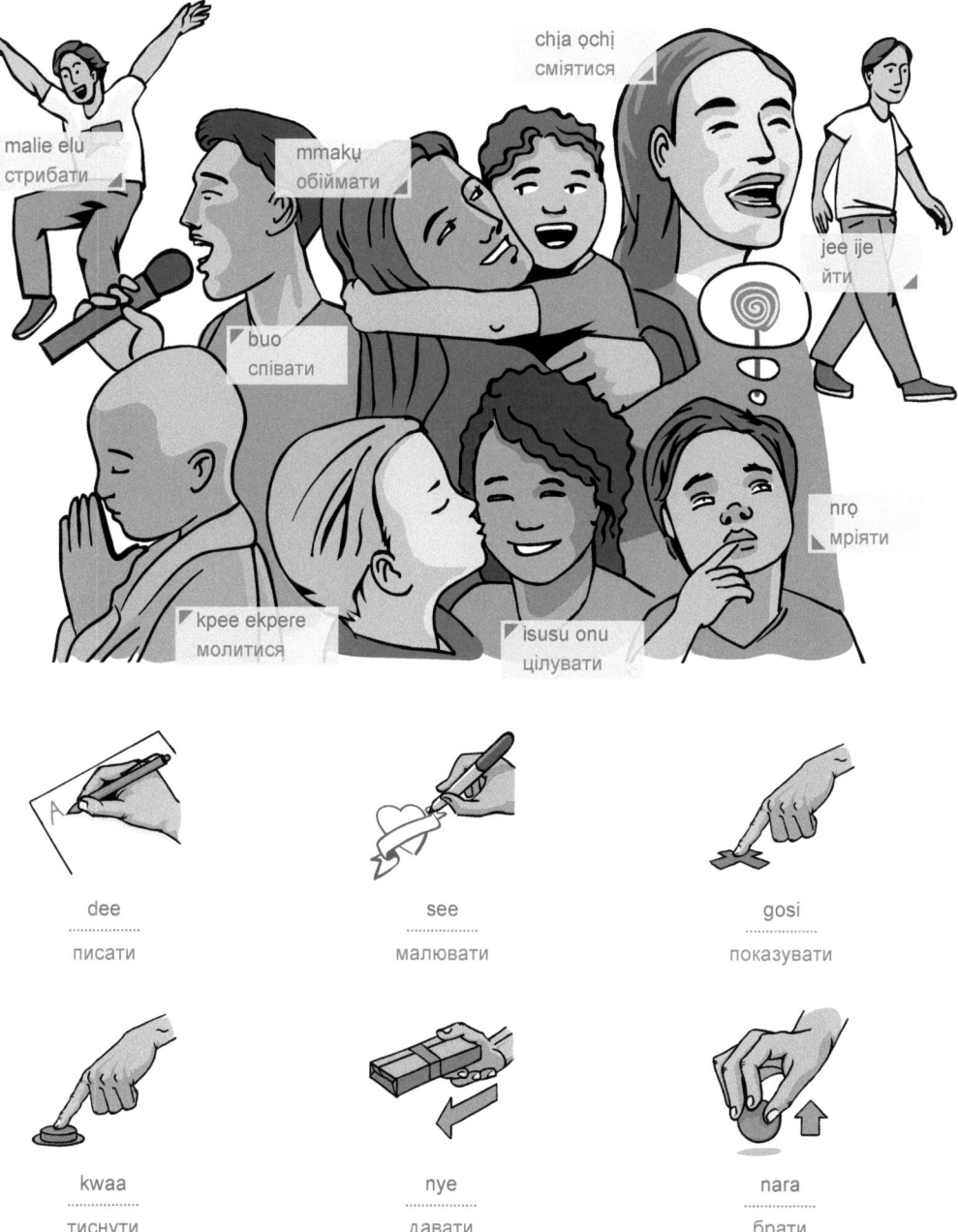

dee — писати	see — малювати	gosi — показувати
kwaa — тиснути	nye — давати	nara — брати

nwee	mee	ịbụ
мати	робити	бути

guzoro	gbaa ọsọ	dọọ
стояти	бігати	тягнути

tufuo	daa	ụgha
кидати	падати	лежати

chere	buru	nọdụ ala
очікувати	носити	сидіти

yi uwe	hie ụra	kulie
одягати	спати	просипатися

ihe omume - дії

lee anya

дивитися

tie mkpu

плакати

ọria strok

гладити

mbo

розчісувати

kwuo

розмовляти

ighọta

розуміти

jụọ

питати

gee ntị

слухати

ihe ọnụnụ

пити

rie

їсти

dozie

прибирати

ịhụnanya

любити

isi nri

варити

kwọọ

їхати

ofufe

літати

ụgbọ
йти під вітрилом

gbakọọ
рахувати

gụo
читати

na-amụta
вчитися

ọrụ
працювати

lụọ
одружуватися

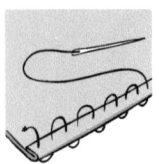
idu
шити

ahịhịa ezé
чистити зуби

gbue
убивати

anwụrụ ọkụ
курити

zipu
посилати

ihe omume - дії

ezinụlọ
сім'я

nne nne — бабуся
nna nna — дідуся
nna — батько
nne — мати
nwa — немовля
nwa nwanyị — донька
nwa nwoke — син

ọbịa

гість

nwanne nne/nna

тітка

nwanne nna/nne

дядько

nwanne

брат

nwanne

сестра

ahụ
тіло

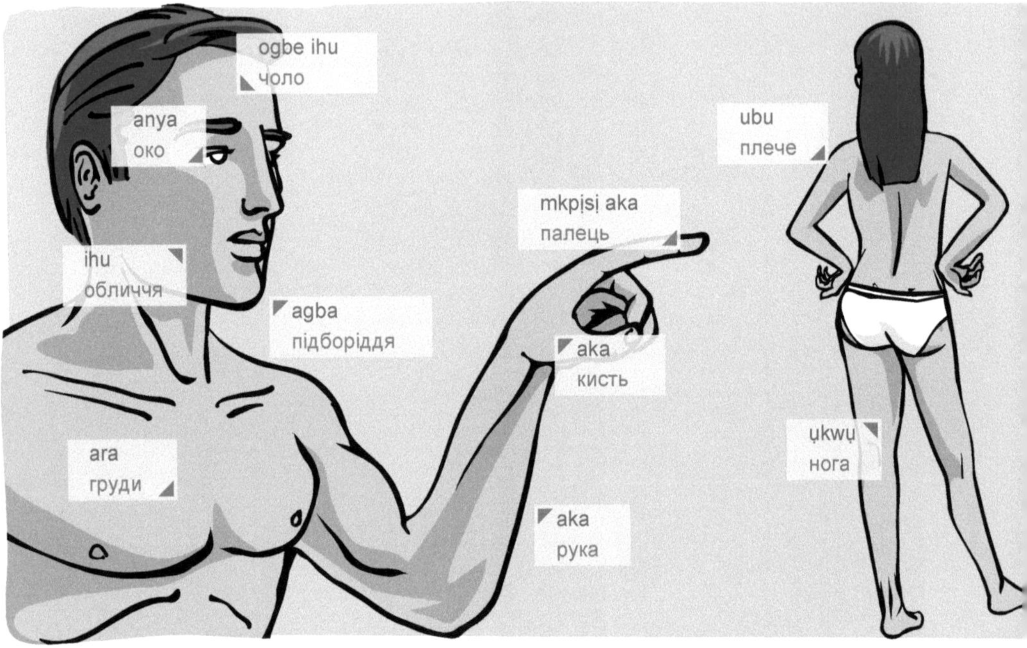

ogbe ihu
чоло

anya
око

ihu
обличчя

agba
підборіддя

ara
груди

mkpịsị aka
палець

aka
кисть

aka
рука

ubu
плече

ụkwụ
нога

nwa

немовля

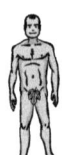

nwoke

чоловік

nwanyị

жінка

nwa nwanyị

дівчина

nwa nwoke

хлопчик

isị

голова

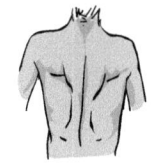
azu
спина

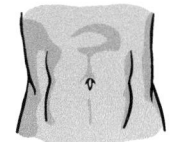
afọ
живіт

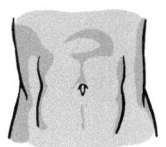
otubo
пуп

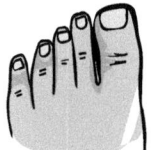
mkpisi ukwu
палець ноги

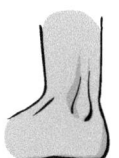
ikiri ụkwụ
п'ята

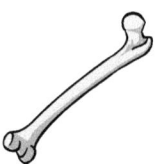
ọkpụkpụ
кістка

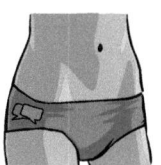
ukwu
стегно

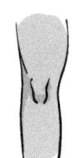
ikpere
коліно

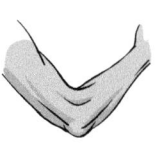
ikpere aka
лікоть

imi
ніс

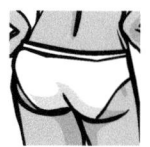
ike
сідниці

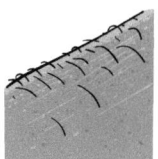
akpụ kpọ ahụ
шкіра

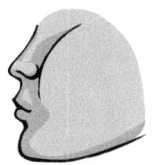
nti
щока

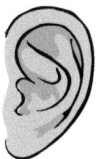
ntị
вухо

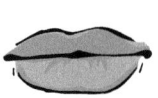
egbugbere ọnụ
губа

ahụ - тіло

ọnụ

рот

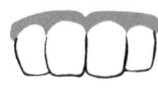

eze

зуб

ire

язик

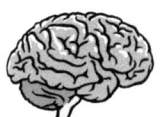

ụbụrụ

мозок

mkpụrụ obi

серце

akwara

м'яз

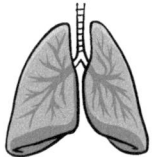

akpa ume

легені

umeji

печінка

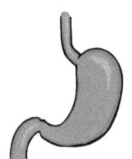

afọ

шлунок

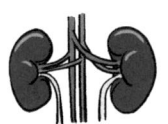

akụrụ

нирки

mmekọahụ

статевий акт

kondom

презерватив

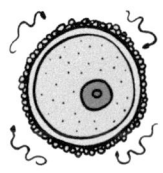

akwa nwanyị

яйцеклітина

ọbara ọcha

сперма

afọ ime

вагітність

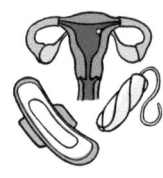
nsọ nwanyị
менструація

ọtụ
вагіна

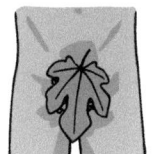
amụ
пеніс

nku anya
брова

ntutu
волосся

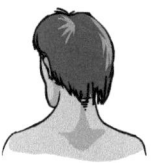
olu
шия

ahụ - тіло

ụlọ ọgwụ
лікарня

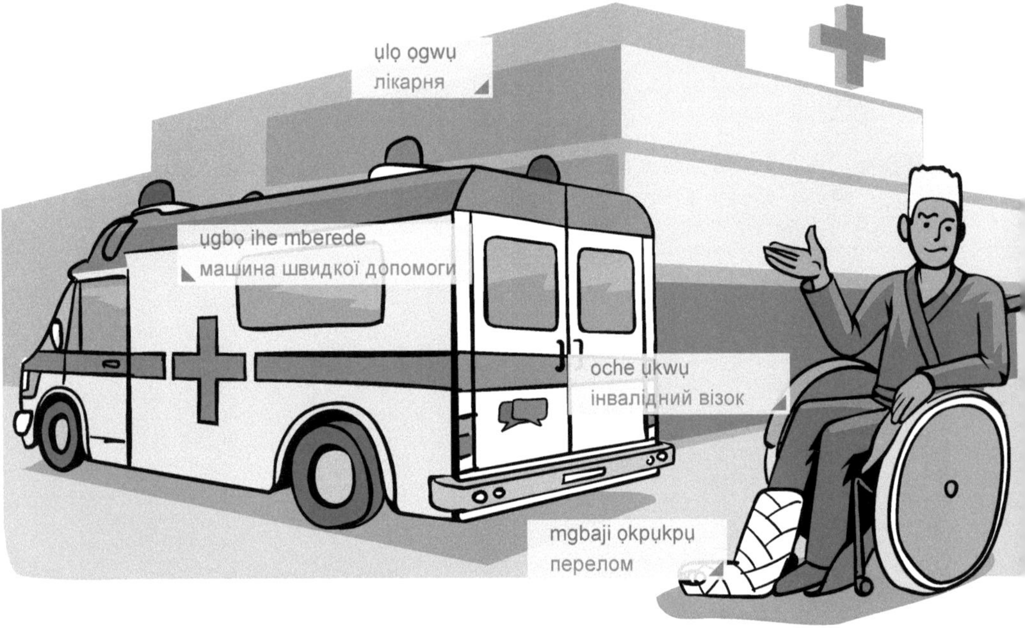

ụlọ ọgwụ
лікарня

ụgbọ ihe mberede
машина швидкої допомоги

oche ụkwụ
інвалідний візок

mgbaji ọkpụkpụ
перелом

dibia bekee

лікар

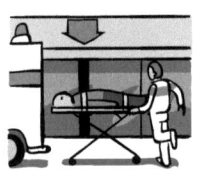

ụlọ mberede

відділення швидкої медичної допомоги

nọọsụ

медсестра

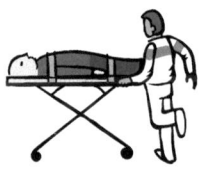

mberede

аварійний випадок

amaghị ihe ọ bụla

непритомний

ụfụ

біль

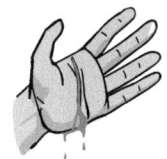
mmerụ ahụ
травма

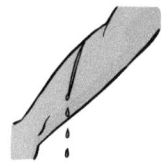
agba ọbara
кровотеча

obi nkolopu
інфаркт

ọria strok
інсульт

nke ahu anataghi
алергія

ụkwara
кашель

ahụ ọkụ
лихоманка

ọria flu
грип

afọ ọsịsa
пронос

isi ọwụwa
головна біль

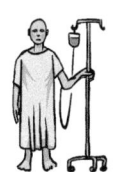
kansa
рак

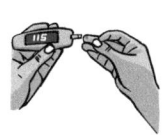
ọria shuga
діабет

dọkịta na-awa ahu
хірург

mma eji awa ahụ
скальпель

ịwa ahụ
операція

ụlọ ọgwụ - лікарня

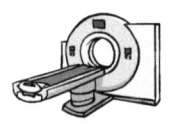
CT
КТ

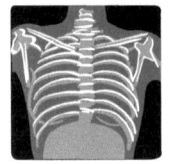
x-ree
рентген

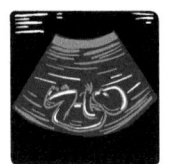
nyocha ime ahu
ультразвук

nkpuchi ihu
маска

ọrịa
хвороба

ebe nchekwa
зал очікування

mkpara
милиця

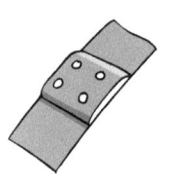
nnyachi
пластир

bandeeji
пов'язка

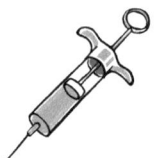
ọgwụ ọgbụgba
ін'єкція

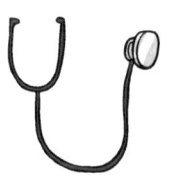
stetoskop
стетоскоп

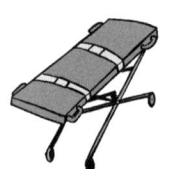
Igwe eji ibu mmadu
ноші

temometa ụlọgwụ
термометр

omumu
народження

ibufe oke ibu
надмірна вага

ụlọ ọgwụ - лікарня

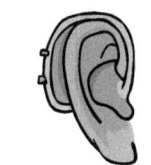
enyemaka ịnụ ihe
слуховий апарат

mmiri ọgwụ nje
дезінфікуючий засіб

ọrịa nje
інфекція

nje
вірус

Ọrịa HIV/AIDS
ВІЛ / СНІД

ọgwụ
медицина

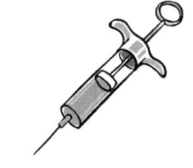
ịgba ọgwụ mgbochi ọrịa
вакцинація

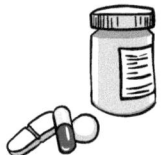
mkpụrụ ọgwụ
таблетки

mkpụrụ ọgwụ
протизаплідна пігулка

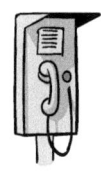
oku mberede
екстрений виклик

nyochaa ọbara mgbali
тонометр

na-arịa ọrịa / ahụike
хворий / здоровий

ụlọ ọgwụ - лікарня

mberede
аварійний випадок

Nyerem aka!
Допоможіть!

oti mkpu
сигнал тривоги

wakpo
напад

ogu
атака

ihe egwu
небезпека

ụzọ ọpụpụ mberede
аварійний вихід

Ọkụ!
Вогонь!

mmenyu ọkụ
вогнегасник

ọghọm
аварія

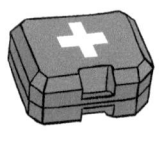
akpa enyemaka mbụ
аптечка

SOS
СОС

ndị uwe ojii
поліція

Ụwa
Земля

Europe

Європа

North Amerika

Північна Америка

South Amerika

Південна Америка

Africa

Африка

Eshia

Азія

Ọstrelia

Австралія

Atlantic

Атлантика

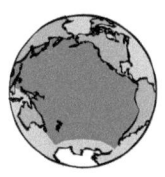

Pasifik

Тихий океан

Oke Osimiri Indian

Індійський океан

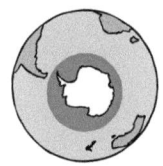

Oke Osimiri Antarctic

Антарктичний океан

Oke Osimiri Arctic

Північний Льодовитий океан

Ebe Ugwu

Північний полюс

Ebe Ọdịda anyanwu

Південний полюс

Antarctica

Антарктика

Ụwa

Земля

ala

суша

oké osimiri

море

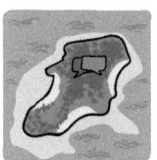

agwaetiti

острів

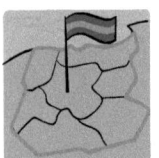

mba

нація

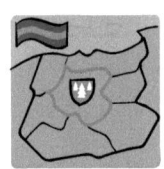

steeti

держава

Ụwa - Земля

elekere
годинник

ihu elekere
циферблат

aka awa
годинникова стрілка

aka nkeji
хвилинна стрілка

ihe ejigoro
секундна стрілка

Kedu ihe na-akụ?
Котра година?

ụbọchị
день

oge
час

ugbu a
зараз

elekere dijitalụ
цифровий годинник

nkeji
хвилина

awa
година

izu
тиждень

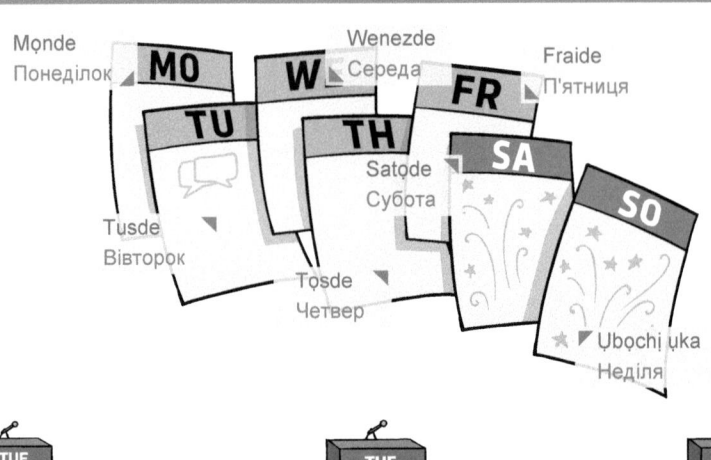

ụnyaahụ
вчора

taa
сьогодні

echi
завтра

ututu
ранок

ehihie
опівдні

mgbede
вечір

ụbọchị azụmahịa
робочі дні

izu ụka
кінець робочого тижня

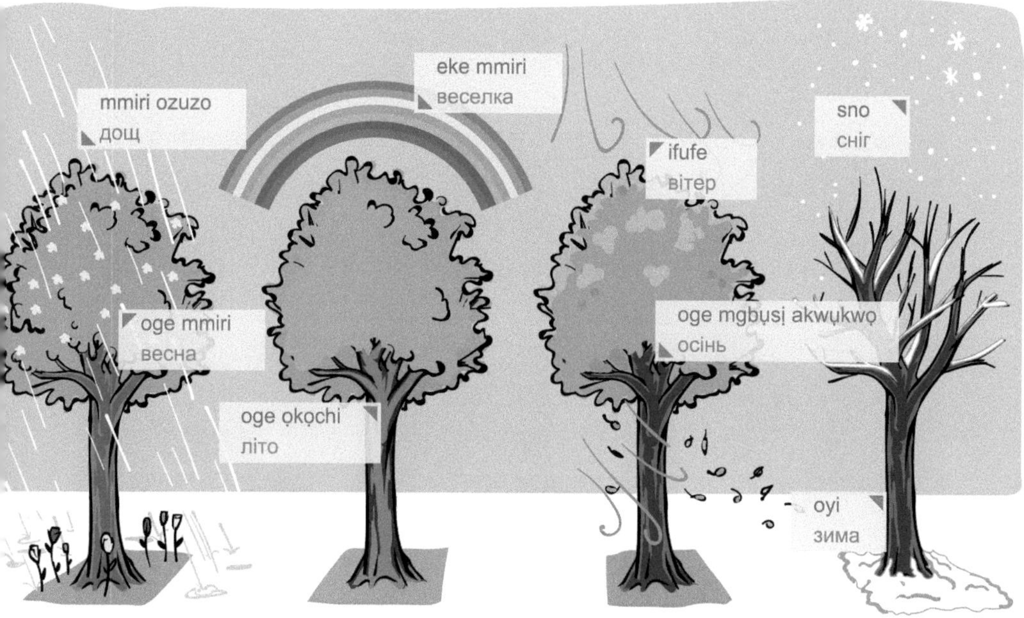

afọ
рік

mmiri ozuzo — дощ
eke mmiri — веселка
sno — сніг
oge mmiri — весна
ifufe — вітер
oge mgbụsị akwụkwọ — осінь
oge ọkọchi — літо
oyi — зима

amụma ihu igwe
прогноз погоди

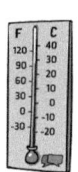

temometa
термометр

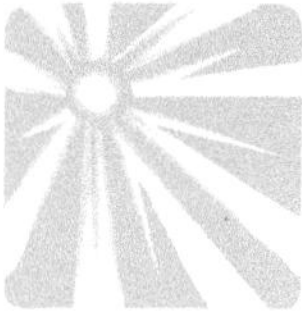

anwụ
сонячне світло

igwe ojii
хмара

foogu
туман

iru mmiri
вологість повітря

àmụmà

блискавка

égbè eluigwe

грім

oké mmiri ozuzo

шторм

aki mmiri

град

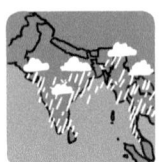

udu mmiri

мусон

ide mmiri

повінь

aiz

лід

Jenụwarị

Січень

Febụwarị

Лютий

Machị

Березень

Eprel

Квітень

Mee

Травень

June

Червень

Julaị

Липень

Ọgọst

Серпень

afọ - рік

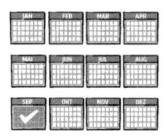
Septemba
Вересень

Ọktọba
Жовтень

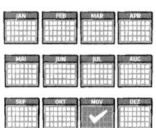
Novemba
Листопад

Disemba
Грудень

ụdị
форми

okirikiri
круг

akuku anọ
квадрат

rektangulu
прямокутник

akuku atọ
трикутник

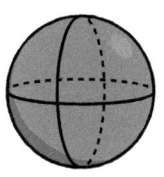
okirikiri
куля

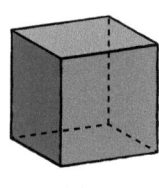
igbe
куб

na agba
фарби

acha ọcha

білий

acha edo edo

жовтий

acha oroma

помаранчевий

acha pink

рожевий

acha uhie uhie

червоний

acha odo odo

фіолетовий

acha anụnụ anụnụ

синій

acha akwụkwọ ndụ

зелений

acha aja aja

коричневий

acha isi awọ

сірий

eji oji

чорний

mmegide
протилежності

otutu / ntakịrị

багато / мало

iwe / jụụ

лютий / мирний

mara mma / jọrọ njọ

гарний / бридкий

mbido / njedebe

початок / кінець

nnukwu / obere

великий / малий

na-enwu / ọchịchịrị

світлий / темний

nwanne nwoke / nwanne nwanyị

брат / сестра

dị ọcha / unyi

чистий / брудний

mezue / ezughi ezu

завершений / незавершений

ụbọchị / abalị

день / ніч

nwụrụ anwụ / dị ndụ

мертвий / живий

obosara / warara

широкий / вузький

oriri / erighị

їстівний / неїстівний

ọjọọ / obiọma

злий / дружній

obi ụtọ / nkịtị gwụrụ

збуджений / нудьгуючий

abụba / mkpa

товстий / тонкий

mbụ / ikpeazụ

спочатку / востаннє

enyị / iro

друг / ворог

juru eju / efu

повний / порожній

ike / adụ

жорсткий / м'який

arọ / mfe

важкий / легкий

agụụ / akpịrị ịkpọ nkụ

голод / спрага

na-arịa ọrịa / ahụike

хворий / здоровий

n'uzo na ezighi ezi / iwu

незаконний / законний

onye nwere ọgụgụ isi / onye nzuzu

розумний / дурний

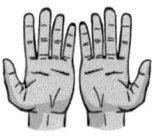

aka ekpe / aka nri

вліво / вправо

dị nso / tere anya

поруч / далеко

ọhụrụ / jiri

новий / використаний

enweghi ihe / enwere ihe

нічого / щось

agadi / nwata

старий / молодий

gbanye / gbanyụọ

вкл / викл

mepe / mechie

відкрито / закрито

jụụ / dara ụda

тихо / гучно

ọgaranya / ogbenye

багатий / бідний

ziei ezi / ezighi ezi

правильно / неправильно

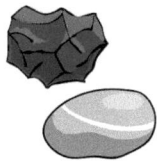

siri ike / larịị

шорсткий / гладкий

mwute / obi ụtọ

сумний / щасливий

mkpụmkpụ / ogologo

короткий / довгий

nwayọọ / ngwa ngwa

повільно / швидко

dị mmiri / kpọrọ nkụ

вологий / сухий

na-ekpo ọkụ / dị jụụ

гарячий / холодний

agha / udo

війна / мир

mmegide - протилежності

nọmba
числа

0 efu — нуль

1 otu — один

2 abụọ — два

3 atọ — три

4 anọ — чотири

5 ise — п'ять

6 isii — шість

7 asaa — сім

8 asatọ — вісім

9 itolu — дев'ять

10 iri — десять

11 iri na otu — одинадцять

12
iri na abụọ
дванадцять

13
iri na atọ
тринадцять

14
iri na anọ
чотирнадцять

15
iri na ise
п'ятнадцять

16
iri na isii
шістнадцять

17
iri na asaa
сімнадцять

18
iri na asatọ
вісімнадцять

19
iri na itoolu
дев'ятнадцять

20
iri abụọ
двадцять

100
narị
сто

1.000
puku
тисяча

1.000.000
nde
мільйон

asụsụ

мови

Bekee

англійська

Asụsụ Bekee

американська англійська

Asụsụ ndị China

китайська висококочиновницька

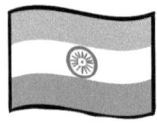

Asụsụ ndị Hindi

хінді

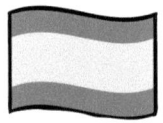

Asụsụ ndị Spain

іспанська

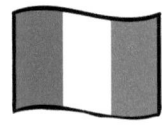

Asụsụ ndị France

французька

Asụsụ ndị Arab

арабська

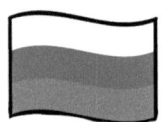

Asụsụ ndị Russia

російська

Asụsụ ndị Portugal

португальська

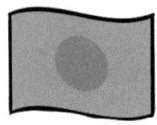

Asụsụ ndị Bengal

бенгальська

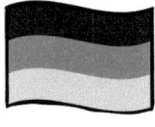

Asụsụ ndị German

німецька

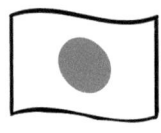

Asụsụ ndị Japan

японська

onye / ihe / olee
хто / що / як

M
я

gị
ти

ya / ya / ya
він / вона / воно

anyị
ми

gị
ви

ha
вони

onye?
хто?

gịnị?
що?

kedu?
як?

ebe?
де?

mgbe ole?
коли?

aha
ім'я

ebee
де

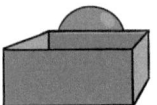

n'azụ

ззаду

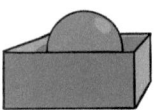

n'ime

в

n'ihu

перед

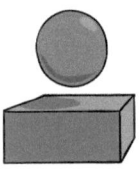

gafee

над

na

на

n'okpuru

під

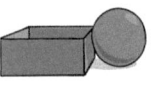

n'akụkụ

біля

n'etiti

між

ebe

місце